Preces da vida

1ª edição – Outubro 2023
10.000 exemplares

Coordenação editorial
Ronaldo A. Sperdutti

Revisão
Maria Clara Telles

Capa e projeto gráfico
Juliana Mollinari

Diagramação
Juliana Mollinari

Assistente editorial
Ana Maria Rael Gambarini

Impressão
Centro Paulus de produção

Proibida a reprodução total ou parcial desta obra sem prévia autorização da editora.

© 2023 by Boa Nova Editora.

Av. Porto Ferreira, 1031
Parque Iracema
CEP 15809-020
Catanduva-SP
17 3531.4444

www.**boanova**.net
boanova@boanova.net

Impresso no Brasil.
1-10-23-10.000

LOURIVAL LOPES

Preces da vida

Dados Internacionais de Catalogação na Publicação (CIP)
(Câmara Brasileira do Livro, SP, Brasil)

```
Lopes, Lourival
   Preces da vida / Lourival Lopes. -- Catanduva,
SP : Editora Otimismo, 2023.

   ISBN 978-65-85198-02-8.

   1. Autoajuda - Aspectos religiosos 2. Espiritismo
3. Mensagens I. Titulo.
```

23-169859   CDD-133.95

Índices para catálogo sistemático:

1. Mensagens espíritas   133.95

Eliane de Freitas Leite - Bibliotecária - CRB 8/8415

À minha mãe Joana.

Índice

- Apresentação 13
- Nos momentos difíceis 16
- Solucionar problemas 18
- Confiança em si mesmo 20
- Vencer a dificuldade 22
- Desânimo: o pior defeito 24
- Fortalecer-se 26
- Vencer a solidão 28
- Força da ação 30
- Reconciliação 32
- Perdoar 34
- Evitar o pensamento negativo . 36
- Tender para o bem 38
- Fé ao sofrer 40
- Pedir forças 42
- Conquistar ânimo 44
- Cumprir as boas resoluções 46
- Viver sem medo 48
- Vencer o egoísmo 50

Desejo de progresso	52
Calma	54
Contentamento	56
Pôr-se diante de Deus	58
Agradecimento profundo	60
Estabelecer objetivo elevado	62
Valores espirituais	64
Mentalizar Jesus	66
Fé: um sol interior	68
Ver o lado bom	70
Amar os outros	72
Bênção no coração	74
Buscar a presença divina	76
Ser resistente	78
Autenticidade	80
Desabrochar as qualidades	82
Fazer bem-feito	84
Tranquilidade no problema	86
Viver melhor	88
Disposição para crescer	90
Tornar-se melhor	92
Renovar-se	94
Decisão de progredir	96
Pensar melhor	98

Ser otimista 100
Alegre sempre 102
Querer realizar 104
Valorizar os outros 106
Viver por inteiro 108
Compreender e ser compreendido
.... 110
Ser amigo 112
Amar sem ser amado 114
Vida de correria 116
Trabalhar bem 118
Comunicar-se 120
Elevação espiritual 122
Paciência 124
Um pouco de Deus 126
Paz com Deus 128
Falar com Deus 130
A voz do Senhor 132
Deus: caminho e vida 134
Louvor a Deus 136
Fé em Deus 138
O sol de Deus 140
Deixar Deus entrar 142
Expor-se a Deus 144

Ajuda de Deus.............................. 146
Socorro de Deus......................... 148
Confiar em Deus e em si próprio
.... 150
Deus e eu...................................... 152
Prece dos pais diante do recém-
-nascido.. 154
Proteção do lar 156
Paz em família 158
Oração dos pais 160
Educar os filhos 162
Luta em família.......................... 164
Incompreensão na família 166
Pelo filho rebelde 168
Prece da mãe pelo filho falecido
.... 170
Pela mãe falecida...................... 172
Pelo pai falecido 174
Marido alcoolista 176
Oração da saúde........................ 178
Prece perante o doente 180
Na hora da doença 182
Antes da cirurgia....................... 184
Quando em convalescença... 186

Ser pobre	188
Pelos que sofrem	190
Aperto financeiro	192
As duas janelas	194
Pintura interior	196
Caminho da perfeição	198
Corrigir os defeitos	200
Eliminar o desejo de fuga	202
Vida esclarecida	204
Vigiar a palavra	206
Ser educado	208
Evitar o aborto	210
Recuperar-se de um susto	212
Impedir o suicídio	214
Prece do atropelador	216
Depois do acidente	218
Prece do drogado	220
Prece do trabalho	222
Oração da manhã	224
Oração do entardecer	226
Oração da noite	228
Anjos da guarda	230
Oração da esperança	232
Oração do jovem	234

Oração da fraternidade 236
Oração da mulher 238
Felicidade 240
Paz no casamento 242
Prece do desempregado 244
Prece do presidiário 246
Início de reunião 248
Final de reunião 250

Apresentação

Tenho grande alegria em colocar este pequeno livro em seu poder.

A maior parte das preces nele contidas se refere às questões que sobressaltam o coração e reclamam da Providência Divina uma força maior. São os apertos por causa de problemas, doenças ou outros, comuns na vida moderna.

Há também preces destinadas especialmente à elevação espiritual, à conquista da alegria e da esperança.

Todas se baseiam na visão de quem estaria vivendo a situação descrita. Elas objetivam ajudar efetivamente o leitor, aprimorando-o e elevando-o. Em sua elaboração, usei de fé em Deus. Para surtirem efeito, devem ser lidas com fé.

Elas não estão prontas e acabadas, necessariamente. Podem sofrer adaptações, servindo como roteiro e sugestão para a oração particular, que deve ser feita no modo próprio de cada um.

A oração feita com fé move o coração e a mente, e é ouvida por Deus. Serve para tudo. Para as horas de alegria ou tristeza, certeza ou incerteza, louvor ou súplica.

Quem ora, verdadeiramente, consegue resistência, equilíbrio e serenidade em todas as situações. Adquire saúde firme, alegria, e põe-se a salvo das contrariedades. O que não ora, ao contrário, "está exposto". É um alvo fácil às corrente mentais negativas, como um pássaro na mira de uma espingarda. Frequentemente se entristece, sofre contratempos, perde o sentido da vida.

Quanto possível, repita as preces deste livro.

Em tempo algum descreia do poder de Deus. Ele transforma as situações, por mais difíceis que se apresentem. É Ele o único poder, que está calcado dentro de você, na sua consciência, no seu "eu" profundo.

É preciso também crer em si, a fim de colocar a fé em Deus em ação nas coisas concretas.

Agradeço, sinceramente, às pessoas que me ajudaram a elaborar este livro.

O autor

Nos momentos difíceis

SENHOR!

Este momento mexe fundo em mim.

Há situações que causam grande abalo, como acompanhar a doença ou morte de um ente querido, decidir submeter-se ou não a uma operação cirúrgica de alto risco, responder por um crime, estar frente a pessoas furiosas, ver-se perdido e sem recursos.

Mas, este instante, apesar da aparência dura, me eleva e beneficia, porque aumenta a minha fé.

Quero não fraquejar. Anseio penetrar fundo na questão que me oprime.

Abençoa-me, Senhor. Tua bênção é luz que me aclara os pontos obscuros, mostra os meios, as soluções, os acertos. Já estou a vencer esta prova.

Obrigado, Senhor, muito obrigado!

Solucionar problemas

SENHOR!

No momento, um problema impede-me de raciocinar claramente, enerva-me, entristece-me. Mas, devo encontrar a sua solução, e, por necessidade, procuro a Ti.

Limpa, Senhor, o meu pensamento de toda má vibração e prepara-me para perceber o que tens a dizer.

Resolverei o problema que me aparece. Bem pensando, já estou a resolvê-lo, porque me afasto das tensões e estou receptivo a novas ideias.

Nessas condições, considero resolvidos todos os problemas. O maior deles, que é o de estar sem fé, sem paz, eu não tenho, porque Tu estás comigo.

Obrigado, Senhor, muito obrigado!

Confiança em si mesmo

SENHOR!

A falta de autoconfiança me faz pensar o que não devia, render menos no trabalho, vacilar na luta diária e, mesmo sem querer, criar problemas.

Mas, vou mudar tal situação, custe o que custar.

É desagradável deixar a minha força de vontade abandonada à própria sorte, inoperante, escondida, sufocada.

Agora, firmo o meu pensamento em Ti e bem me oriento, como quem sabe o que quer e para onde vai.

Encho meus pulmões de disposição e me reconheço forte e alegre.

Graças a esse entendimento que me preenche, agradeço os benefícios que venho recebendo, deixo-me tocar pela paz e me considero feliz.

Obrigado, Senhor, muito obrigado!

Vencer a dificuldade

SENHOR!

Graças a Ti, posso afirmar que, quando caio, levanto-me; quando erro, retifico o erro; quando a dor me procura, suporto-a; quando a dificuldade tenta me subjugar, supero-a.

Na hora do problema difícil, do peso da vida, da indecisão, introduzo os fios do meu "sentir" na tomada do Teu "amar", e me reabasteço.

A Tua "eletricidade" me socorre e anima a prosseguir, a encarar problemas, a olhar a vida sem medo. Ela me faz chegar a Ti, dobrar os joelhos, a vaidade, a presunção, e trabalhar com dedicação.

Achega-Te, Senhor, ao meu coração e recarrega o meu espírito, sempre e sempre.

Obrigado, Senhor, muito obrigado!

Desânimo: o pior defeito

SENHOR!

Afasta de mim o desânimo. Esse estado de espírito, se não combatido a tempo, prejudica a minha vida e a dos outros.

Pensando bem, o desânimo não serve para nada. Ele anula o bom que eu posso ser, induz-me a não amar, a desvalorizar as forças, a descrer do futuro.

Apesar disso, ele se apresenta, insinua, esgueira, mascara, desculpa, para entrar devagarinho nos incautos.

Para combatê-lo, suplico confiança nos meus valores, vontade de agir, esperança no amanhã, certeza do Teu amor.

Rendo-Te graças, agora. Só de estar aqui, falando Contigo, me animo, reequilibro e direciono para vencer na vida.

Obrigado, Senhor, muito obrigado!

Fortalecer-se

MEU DEUS!

Não posso permitir que o desânimo me inutilize. Para vencê-lo, quero me fortalecer; e, para me fortalecer, preciso crer que Tu estás comigo.

Por que não estarias em mim, se até nas plantas e nos animais fazes correr a seiva e o sangue? És o meu melhor ponto de apoio, meu salva-vidas, o que me indica a direção certa.

Penso, agora, em viver conforme o que me desejas, com disposição, esperança e ação.

Desperta em mim, ó Deus, o domínio sobre mim mesmo, a vontade de conhecer de perto o amor, a ação positiva, o bem, a alegria. Quanto mais a Ti me ligo, mais o bem se concretiza em mim, tornando-me otimista.

Obrigado, Deus, muito obrigado!

Vencer a solidão

Ó DEUS!

Em Ti está o remédio contra a solidão, a melhor maneira de obter o alívio verdadeiro, de jogar para longe o desânimo, o vazio, o tédio.

Tomo forte decisão. Não deixarei que eles me vençam. Pelo contrário, a força de vontade me abrirá um entendimento que me preencherá de esperança.

A solução está em doar-me aos outros, em aceitar-me com qualidades e em ver-Te como ponto de convergência do que penso ou faço.

Por influência Tua, cresce em mim a disposição de mudar, amar e trabalhar, que me é suporte de paz.

Obrigado, Senhor, muito obrigado!

Força da ação

DEUS!

O poder de agir está dentro de mim. Possuo plenas condições para trabalhar, executar até mesmo tarefas difíceis, conseguir melhorias, ajudar os outros, vencer a inércia e o pessimismo. E nisso tenho prazer.

Por tal motivo, quero estar sempre em atividade, fazer bem-feito, não tremer frente aos problemas.

E é para manter a boa disposição que me socorro de Ti, pois és a fonte da energia com que ajo.

Com suporte em Ti, agito as minhas forças, tomo um sentido novo e parto para a realização, esperançoso e disposto, num prenúncio de paz e alegria. A fé em Ti aumenta em mim a autoconfiança e a força de ação.

Obrigado, Deus, muito obrigado!

Reconciliação

SENHOR!

Fruto de um desentendimento, resta no meu coração um peso que me prejudica o trabalho, a oração, a saúde, as amizades.

Para obter o entendimento, tenho que me valer da humildade e do perdão, disposto a corrigir o que é falho ou odiento.

Enquanto considerar que o outro é mau, que quer me prejudicar, permanecem os entraves. Mas, se nele descobrir o lado bom, começa a concórdia, a reconciliação.

Sustenta em mim, Senhor, uma boa disposição e um sorriso sincero.

Confiante em Ti, eu vencerei, brilharei e ganharei a paz.
Obrigado, Senhor, muito obrigado!

Perdoar

SENHOR!

Ensina-me a perdoar, a esquecer o que passou.

Quem abraça a paixão, a violência e o ciúme encontra, à frente, decepção e arrependimento.

Não tenho que fazer justiça por mim mesmo. A justiça Te pertence, Senhor.

Ante quem me magoa, o melhor é deixar o tempo passar, perdoar, esquecer, pensar em algo proveitoso.

Neste momento, quero paz, quero curar as minhas feridas, apagar lembranças tristes, não prejudicar a ninguém. Vou, até mesmo, ver as razões e as qualidades de quem me fere.

Para manter essa boa intenção, peço-Te me abençoes.

Obrigado, Senhor, muito obrigado!

Evitar o pensamento negativo

SENHOR!

Se eu vir o mal em tudo, é porque o mal já está alojado em mim. É ele que traz a infelicidade.

Serei feliz se melhorar a maneira de ver os outros, o mundo e a mim mesmo. E o que vejo depende do que carrego por dentro.

Ao barrar os maus pensamentos, estabeleço um novo ritmo interno, um novo hábito que me dá o gosto da autoconfiança, de bem me dirigir.

O pensamento negativo é meu adversário, valoriza o mal e rema contra a alegria, contra a correnteza da vida.

Daqui para a frente, vou pôr uma barreira nas más inclinações e não temerei obstáculos.

Obrigado, Senhor, muito obrigado!

Tender para o bem

DEUS!

Não é correto saber o certo e fazer o errado, conhecer o valor do trabalho e permanecer preguiçoso, estar ciente das consequências dos maus pensamentos e ações e continuar a praticá-los.

No entanto, sou puxado insistentemente para o egoísmo, a ambição, o mal...

Para enfrentar esses e outros inimigos, impedindo-os de entrar no santuário do coração, peço-Te força e coragem.

Com a Tua proteção e com firme disposição para a luta, nada me vencerá, nem mesmo o problema amedrontador.

Supero, assim, as dificuldades, com consciência de saber escolher entre o bem e o mal.

Obrigado, Deus, muito obrigado!

Fé ao sofrer

SENHOR!

Diante do sofrimento, da adversidade, a minha fé fala mais alto.

A força da fé me incita a lutar, a não me dobrar.

Vejo claras as Tuas providências, Senhor, a me livrarem do precipício e a me conduzirem à saúde, ao progresso, à felicidade.

Tenho, dentro de mim, capacidade, vida e inteligência. Sou eterno. A minha fé em Ti reduz o problema e me anima a aceitar as vicissitudes como mestras da vida. Ela me faz entender que a dor esconde um bem, que o mal oculta um ensinamento.

Espero estar sempre bem-disposto. Sinto, desde já, o gosto da vitória.

Obrigado, Senhor, muito obrigado!

Pedir forças

SENHOR!

Procuro-Te para que me dês um conforto interior, uma força que levante as minhas forças, uma paz que anime a minha paz.

És a máxima luz, a grande mão, o único caminho. Mostras a direção certa, sustentas os corações, dás esperanças concretas. E Tu me olhas, querendo que eu me regenere, eleve, aumente a resistência à tristeza e ao mal, obtenha um ânimo que comece, desde já, a produzir resultados.

Pensando assim, obtenho uma fé forte. Ponho a mente e as emoções a repousarem no Teu ser. Encorajo-me a vencer as dificuldades e consigo paz de espírito.

Obrigado, Senhor, muito obrigado!

Conquistar ânimo

MEU DEUS!

O mal-estar, a depressão, a desesperança fazem o coração bater apressado e a mente flutuar, puxando para o pior.

Como modificar isso, sem recorrer a Ti? Como esperar que o mal se desaloje, sem que o bem penetre? Como conseguir paz e alegria, fechando as portas à vibração positiva?

Por isso, estou diante de Ti. Quero desafogar o íntimo, deixar que me penetre muito ânimo, firmeza de pensamento e bondade.

Tocado por Ti, tudo em mim se dispõe, agora, a bem direcionar, a ver uma luz, a valorizar o que é bom e belo, a gostar da vida. Estou socorrido por Ti e percebo em mim condições mentais novas.

Obrigado, Deus, muito obrigado!

Cumprir as boas resoluções

DEUS!

As recordações ruins são como parasitas ou sanguessugas. Minam a capacidade de pensar no bem, no bom, no belo, no alegre, na esperança. Que grande mal fazem!

Por isso, é preciso atenção para vigiar os pensamentos e as emoções, e estabelecer bons propósitos de vida. Quero começar as transformações logo, agora mesmo, e cumprir as resoluções que tomar.

É para fazer essa mudança, que peço a Tua bênção. Ampara-me, Senhor.

Tenho um bom futuro pela frente. Quero praticar o bem, realizar-me em paz e alegria.

Obrigado, Senhor, muito obrigado!

Viver sem medo

SENHOR!

O medo diminui quando aumento a confiança em Ti e em mim.

Se tenho pela frente um trecho, mas me vejo fraco das pernas, não aguentarei a caminhada; se necessito vencer no concurso, mas me considero sem inteligência, estarei reprovado antes da prova; se quero aumentar os músculos, mas me julgo sem forças, não levantarei o peso; se preciso ganhar a vida, mas me olho incapaz, serei vencido pela preguiça.

O que preciso já está em mim: a capacidade.

Vencerei as dificuldades. Dominarei o medo.

Ampara-me, Senhor, no que pensar e agir. Dá-me forças para sair de armadilhas e agressões.

Obrigado, Senhor, muito obrigado!

Vencer o egoísmo

SENHOR!

Não quero me amarrar ao egoísmo, pensando apenas em mim.

O egoísmo suga, como a lagarta; suja, como a lama; destrói, como a praga.

Quero libertar-me desse e de todos os fantasmas mentais; pensar em otimismo, em elevação, em divindade; apreciar o bom, o belo; espalhar amor no mundo.

Verei o lado positivo do meu semelhante, enxergarei na arrogância o sofrimento oculto, descobrirei na violência a desorientação.

Procedendo assim, ficarei livre do egoísmo e serei útil aos meus irmãos.

Obrigado, Senhor, muito obrigado!

Desejo de progresso

Ó DEUS!

Pretendo ser diferente, olhar o presente e o futuro com tranquilidade, agradecer o que me acontece, estimar as pessoas, realizar-me no trabalho, crescer sempre.

E, para isso, venho a Ti. Rogo penetres fundo em mim, no cérebro, no coração, nas veias, no espírito, retirando o que me atrapalha.

Fortalece-me, ó Deus, acorda-me, guia-me.

És Tu que me manténs. És a minha natureza verdadeira, a que sabe o que não sei; a que vê, quando estou cego; a que escuta, quando estou surdo; a que vela, quando durmo; a que trabalha, quando descanso.

Obrigado, Deus, muito obrigado!

Calma

SENHOR!

O meu coração se cansa ante as exigências da vida, os apertos, os problemas.

As mesmas ideias, os mesmos sentimentos prendem-me num círculo vicioso.

Quero, como nunca, respirar outros ares, ter a serenidade da ave que pousa no campo, a confiança da flor no toque da abelha, a transparência da água que escorre entre as pedras, a candura da planta humilde e viçosa, o silêncio do espaço infinito.

Ponho-me diante de Ti para ser outro, obter a paz, descansar o coração.

Certo de que Tu me amas, vou, agora, acalmar-me, ver o mundo com olhos pacíficos, amar mais.

Obrigado, Senhor, muito obrigado!

Contentamento

SENHOR DEUS!

Quando Tu me preenches, descubro as minhas qualidades, faço o hoje bem-feito, encontro um verdadeiro contentamento e firme confiança no futuro.

Se encontro disposição para me levantar, não fico caído; se me sinto pronto a fazer o bem, o mal não me assombra; se me vejo agradecido por tudo, nenhuma tristeza me toma.

És, Senhor Deus, o meu supremo guia, a luz, a paz, a direção, a linha de chegada.

Com o pensamento em Ti, sou todo alegria, sou força para lutar e ajudar os outros.

Obrigado, Deus, muito obrigado!

Pôr-se diante de Deus

SENHOR DA VIDA!

Sustentas o sol, a água, a terra, o ar, a flor, os pássaros.

Todas as coisas de Ti dependem e também nós dependemos de Ti, necessitamos de forças para trabalhar, progredir e viver em comunidade.

Pomo-nos, Senhor da Vida, diante de Ti. Enche-nos de paz o interior; toca em nosso sentir, pensar e agir; preenche-nos. Faze com que nossos olhos enxerguem muito mais longe e com que nosso espírito se renove em amor, revelando a beleza que esconde.

Onde estivermos, esteja a Tua vibração, o Teu hálito. Nossa tranquilidade repousa na certeza de que nos proteges.

Obrigado, Senhor, muito obrigado!

Agradecimento profundo

SENHOR!

Não me sinto bem se Te agradeço da boca para fora, de coração alijado.

Por isso, venho Te agradecer de verdade, por inteiro, com o coração, mente e alma unidos numa única vontade.

Agradeço-Te o dom da vida, no corpo e no espírito, e o poder estar aqui, falar, ouvir, pensar, ter emoções.

Também agradeço pelas coisas que me servem ou me envolvem, pelas condições que desfruto, pelos problemas e dificuldades.

Esse agradecimento, Senhor, ainda é pouco, diante do muito que de Ti recebo.

Obrigado, Senhor, muito obrigado!

Estabelecer objetivo elevado

SENHOR!

Estou a procurar uma direção, um objetivo elevado, um sentido que me satisfaça plenamente.

Quero tomar decisões, estabelecer rotas, agir com firmeza, sobrepujar adversidades e progredir continuamente.

Por isso, aguardo que me apontes por onde começar e o que fazer.

Dá-me disposição para sustentar a fé em Ti até que ela ganhe raízes profundas, compreenda as inspirações que me mandas e supere o egoísmo do "olho por olho, dente por dente".

Intuído por Ti, sou forte para romper impedimentos, descobrir a força do amor e da felicidade, fazer-me um ser novo, seguro, vibrante.

Obrigado, Senhor, muito obrigado!

Valores espirituais

SENHOR!

De Ti nasci e para Ti retornarei. Essa verdade não me deixa dúvidas.

Assim, tenho obrigação de manter firmes as minhas raízes e valores espirituais, como a alegria, a paz, a esperança, o amor.

O que é material desgasta-se. Merece atenção, mas não apego.

O que é espiritual se renova, aperfeiçoa, amplia, sem desgaste.

Por isso, Senhor, valorizarei o que é espiritual, nos mínimos atos.

Terei paciência com os outros, trabalharei com dedicação, divertir-me-ei com moderação, estarei sempre alegre.

Agradeço a vida, os dias, as horas, os minutos. Eles me fazem progredir espiritualmente.

Obrigado, Senhor, muito obrigado!

Mentalizar Jesus

JESUS!

A Ti oferecemos os nossos melhores pensamentos. Estamos sofridos, mas cheios de fé.

Vemos-Te com veste humilde, os longos cabelos repartidos ao meio e caídos aos ombros, a fronte sábia, os olhos voltados para dentro de nós, com uma expressão de divindade.

Do Teu coração e mãos saem luzes que se projetam sobre o nosso peito, trazendo-nos força alentadora.

Assim Te mentalizamos, adquirindo coragem, vontade de vencer, de encarar os problemas.

A imagem que de Ti fazemos nos fortifica por completo. Diante dela, as nossas lutas, apertos e carências não são mais que ocorrências passageiras.

Obrigado, Jesus, muito obrigado!

Fé: um sol interior

SENHOR!

A minha fé é como o sol. Ao emergir no horizonte, o astro rei afugenta a noite e o frio, traz luz e calor. Antes da minha fé, havia em mim também o frio, a solidão, o nervosismo, os problemas sem solução; mas, quando ela apareceu, transformou tudo.

A fé aquece, alivia, explica, resolve, corrige, põe no lugar certo. Faz-me olhar a vida sem medo, lutar, esperar, amar.

Sinto-me agasalhado, como o filho no colo da mãe, como a água a deslizar no leito próprio, como a flor a se abrir no melhor ponto do galho. O sol da fé me dá prazer.

Obrigado, Senhor, muito obrigado!

Ver o lado bom

MEU DEUS!

É errado procurar o lado mau das pessoas e dos acontecimentos.

É da nuvem escura que vem a chuva, a fartura dos alimentos; depois da tormenta, aparece o ar puro.

É no meu pensamento que crio o bem, o mal, os benefícios, as catástrofes, a liberdade, o medo, a paz, a ansiedade.

Para tender para o lado bom, que alegra e reconforta, penso em Ti. Decido melhorar minha forma de ser, de fazer, e procuro ser útil.

Assim, verei o bem, o bom futuro, a beleza da vida, e estarei contente todos os dias.

Obrigado, Deus, muito obrigado!

Amar os outros

PAI CELESTE!

Num exemplo de suprema sabedoria, apresentas-Te ao mundo por meio de nós, Teus filhos. Vês, escutas, pensas e sentes dentro de nós, sem distinção.

Ensina-me, assim, a amar os outros, a olhar com os olhos deles, a abandonar orgulhos e vaidades.

É egoísmo pretender que enxerguem pelos meus olhos, mirem-se no meu espelho, sejam o meu retrato, pensem e falem o que quero.

Se faço isso com as pessoas, eu as desrespeito, procedo mal, perco uma paz que depende da delas.

Dá-me, então, Pai, espírito de compreensão e compaixão, para que eu entenda as suas diferentes naturezas e necessidades.

Obrigado, Pai Celeste, muito obrigado!

Bênção no coração

SENHOR DEUS!

Penetra bem dentro do meu coração. Põe no meu âmago uma gotinha do Teu grande oceano, uma lampadazinha da Tua luz, um impulso de divina esperança.

É assim que a minha alma se agita, o pensamento se alarga e vejo abrirem-se as portas do progresso e da felicidade.

A Tua bênção me afasta das perturbações, dirige-me para regiões mentais e emocionais agradabilíssimas.

Com a força que me eleva, os limites se ampliam, aparece em mim forte vontade de Te agradecer pelo que sou, sinto e vivencio.

Uma profunda paz me vem do encontro com as forças vivas da divindade.

Obrigado, Senhor, muito obrigado!

Buscar a presença divina

MEU DEUS!

Não posso renegar-Te, esquecer-Te, afastar-Te do coração, das palavras que profiro, do meio onde me situo.

Sem a fé em Ti, nada tem valor. A água não mata a sede, o alimento não sustenta, a respiração não satisfaz.

O meu físico e o espiritual devem estar unidos. Alimento, água e respiração para o corpo; fé, amor e esperança para o íntimo.

Aqui, Contigo, ponho alto o pensamento, sinto Tua presença e me alegro. Nada existe mais significativo.

Agradeço-Te, do mais profundo, a oportunidade deste contato e a de levar aos outros este estado de espírito.

Obrigado, Deus, muito obrigado!

Ser resistente

SENHOR!

Quero ser forte, olhar de frente o prejuízo, o desengano, a adversidade, a questão difícil.

Desejo ser resistente como a rocha; forte como o tronco de uma grande árvore; esperançoso como a terra que aguarda a chuva; enérgico comigo mesmo e condescendente com os outros.

O que as pessoas são interessa a elas, restando-me entendê-las, sem ser juiz ou carrasco.

Os problemas, se os. trato com firmeza de espírito, são um nada e desaparecem; se os vejo com os nervos à flor da pele, são complicados e me ferem.

Transmite-me, Senhor, forças para levar avante boas intenções e resoluções, jamais perdendo a paciência ou a paz.

Obrigado, Senhor, muito obrigado!

Autenticidade

JESUS!

Não quero ser pelas metades, meio vaidoso, meio honesto, meio orgulhoso, meio bom.

Não quero ficar dividido, bom e mau, desanimado e esperançoso, vaidoso e simples, amoroso e violento, virtuoso e corrupto, tudo ao mesmo tempo.

"Não se pode adorar a dois senhores", disseste. Não há meias situações, meias posições, meias verdades, meias estradas.

Ajuda-me, Jesus, a vencer minhas dificuldades, a ser autêntico comigo e com os outros.

Revisto-me, agora, de força positiva. Abandono a mentira, vaidade e ódio por inteiro, porque um pouco deles corrompe tudo.

Obrigado, Senhor, muito obrigado!

Desabrochar as qualidades

Ó DEUS!

Estou na Tua presença para reconhecer as minhas qualidades.

São vencedoras as pessoas que bem se olham e enfrentam suas negatividades com firmeza.

Se não descobrir qualidades em mim, como posso ver as dos outros ou esperar que vejam as minhas?

Como podem as qualidades crescer sem trato, como a planta em terreno ingrato?

Não posso vagar, sem rumo, maltratando as minhas qualidades. Eu as acionarei, afirmar-me-ei e vencerei deficiências. Meu terreno interior dará bons frutos, com a força viva que vem de Ti. Saberei esperar e resistir.

   Abençoa-me.

   Obrigado, Deus, muito obrigado!

Fazer bem-feito

SENHOR!

Para não me arrepender depois, orienta-me agora.

São muitos os que foram imprevidentes e choraram os resultados.

Dá-me olhos abertos e antenas, para tudo perceber. Quero examinar bem a questão, antes da decisão.

Como filho Teu, também os meus assuntos são Teus. Ilumina-me, Senhor, no justo instante em que for fazer um negócio, assumir um compromisso, cuidar da saúde ou resolver um problema.

Com a cabeça tocada por raios de inteligência e o coração bem equilibrado, as boas oportunidades me virão, serei melhor em tudo e evitarei sofrimentos.

Obrigado, Senhor, muito obrigado!

Tranquilidade no problema

SENHOR!

O problema está à minha frente. Se deixar que entre, me causará um grande estrago.

Mas, por que uns sofrem mais do que outros, diante do mesmo problema?

É por causa da nossa posição frente a ele?

Na verdade, eu sou o problema. Se me desespero, é porque o desespero já existia antes em mim. Se me conservo calmo, a calma já estava comigo.

Então, para pensar positivamente e não me abater, busco forças em Ti.

Reforça, Senhor, o meu íntimo, para não ser eu o problema, a complicação, a dor. Assim, nada me será questão difícil.

Obrigado, Senhor, muito obrigado!

Viver melhor

PAI CELESTE!

Para olhar o mundo de frente, não temer a doença, o desemprego, a carência, o golpe da sorte, o mal, recorro a Ti.

Tu podes dar paz de espírito, alegria e esperança aos que Te procuram.

Sem Ti, as coisas perdem sentido. O teto, a saúde e a fortuna não têm o mesmo valor.

Habita, Pai, dentro de mim. Sê a minha tranquilidade, o meu bem-estar, a minha felicidade.

Na esperança de Te encontrar é que me apoio, para aumentar a confiança nas minhas qualidades, trabalhar bem, fazer uma boa oração, construir uma nova vida.

Como um grande sol, Tu estás na minha frente e me aqueces.

Obrigado, Pai Celeste, muito obrigado!

Disposição para crescer

SENHOR!

Tenho qualidades adormecidas e sei que só a mente voltada para os bons propósitos, o bem, a alegria despertá-las-á do sono profundo.

Mas, careço, e muito, de boa disposição para me transformar e trabalhar comigo mesmo, horas por dia.

Anima, pois, o meu interior, projeta sobre ele luz, força e bênção. Ilumina-me, para que tenha paz e, se sofrer, resista, espere e ame.

Quero aproveitar o que tenho guardado, abrir o que está fechado, exercer minhas aptidões.

Acordarei e porei em ação aquilo de bom que dorme em mim.
Obrigado, Senhor, muito obrigado!

Tornar-se melhor

MEU DEUS!

Quero amar, saber esperar, medir as palavras, estar à disposição para ouvir, ser alegre e trabalhador.

Desejo trocar a água suja do meu interior por água cristalina e deixar entrar ar puro, silêncio, elevação.

Como filho, aspiro a chegar à casa paterna, a receber o afeto de mãe, pai e irmãos. Anseio por dormir em paz, por realizar-me.

Tu sempre estiveste comigo, mas, como de Ti me afastava, eu não recebia os benefícios que me davas.

Agora, serei diferente. Abençoa-me, Senhor, com a fortaleza e os meios de superar dificuldades e de corrigir o meu caráter.

Agradeço-Te o poder abrir-me para Ti e ser uma nova pessoa.

Obrigado, Deus, muito obrigado!

Renovar-se

Ó DEUS!

Quero ser hoje melhor do que ontem e crescer sempre.

Tu me dás mostras da renovação na Natureza. As árvores substituem as folhas velhas, as aves trocam as penas, os animais mudam os pelos.

Todos os dias, a Terra se veste diferentemente, há novas manhãs, novos pores do sol, novas noites.

Como tudo se renova, também me transformarei. Deixarei no chão a casca das imperfeições, criarei asas para subir, subir sempre. Trocarei ódio por amor, mentira por verdade, egoísmo por doação, tristeza por alegria. Compreenderei a todos, sem exceção. E, assim, renovo-me desde já.

Obrigado, Deus, muito obrigado!

Decisão de progredir

SENHOR!

Tomo a decisão de cuidar melhor de mim, de me direcionar com bom proveito.

Estão em mim as chaves para o bem e o mal, para o alto e o baixo, para o perfeito e o imperfeito.

É a minha ação positiva, e não algo mirabolante, fantasioso, o que me faz crescer.

Sou, desde agora, rico nos melhores aspectos.

Tenho beleza interior, capacidade, aptidões. Estou em condições de marchar, hora a hora e dia a dia, seguro de mim e do que posso fazer.

A fé em Ti é a alavanca do meu progresso e a fonte do meu bem-estar.

Agradeço-Te o que sou e o que posso ser.

Obrigado, Senhor, muito obrigado!

Pensar melhor

MEU DEUS!

Quero fazer uma mudança geral nos meus pensamentos, trocar as ideias velhas, fixas, arraigadas por outras, ágeis, dinâmicas, elevadas. Desejo substituir a água suja pela limpa, que entra sem cessar.

A antiga maneira de pensar causa-me insatisfação e tédio; faz-me crítico, exigente, déspota; limita-me, não me deixando ver o que é certo.

Pretendo, agora, pensar com profundidade e calma, falar com suavidade, olhar com meiguice, aceitar as coisas tal como são, modificar o que deve ser modificado e adotar o "amai-vos uns aos outros". Rogo me dês forças para ser assim.

Obrigado, Deus, muito obrigado!

Ser otimista

SENHOR!

O otimismo é alimento da alma, fonte de inspiração, progresso e vida. E Tu és a fonte do meu otimismo.

Convicto de que estás em mim, absorvo do que és, aprimoro o querer, vejo com olhos de esperança.

Abençoa-me, Senhor, para que sempre escolha o lado bom, o da ajuda para alguém, o da solução dentro do problema, o do futuro simpático.

Livre de incertezas, insucessos e imperfeições, o meu íntimo respira aliviado. E o alívio, a leveza de pensamento, a fruição fazem-me alegre e esperançoso.

Obrigado, Senhor, muito obrigado!

Alegre sempre

SENHOR!

Faze-me sempre alegre.

Uns só se alegram quando têm motivo especial, ganham um bom dinheiro, recebem uma boa notícia ou algo que os favoreça.

Mas, eu quero ser alegre costumeiramente, sem precisar de acontecimentos especiais. Quero ter um rosto que reflita confiança, fé e harmonia permanentes.

Que minha alegria brote de dentro, nascida do que sou, da Tua presença em mim, e não apenas do que me acontece.

Até das pequenas coisas quero extrair grandes alegrias, porque a vida me é um grande bem.
Obrigado, Senhor, muito obrigado!

Querer realizar

MEU DEUS!

Tenho necessidade de amar, agir, fazer algo útil.

Mas, como amar sem amor, como agir sem vontade de fazer?

Para aumentar a vontade de realizar, venho a Ti. Tu és a energia do meu querer fazer e querer amar. És a alma das coisas que eu faço, a qualidade com que as faço.

Quando penso em Ti, tudo caminha bem, progride, tem sentido. Sem a fé em Ti, não consigo bem pensar e atuar.

Por isso, Deus, peço-Te que me guies. Mostra-me o que fazer e como fazer. Penetra fundo na minha alma, remove os maus pensamentos. Torna realidade os meus propósitos de paz e progresso.

   Agradeço-Te este instante de elevação e confio no amanhã.

   Obrigado, Deus, muito obrigado!

Valorizar os outros

SENHOR!

Sempre que eu acusar ou depreciar as pessoas, estarei acusando-me ou depreciando-me. Essas atitudes venenosas e corrosivas atingem-me, em cheio, antes de chegar a elas.

Preciso, Senhor, que me ajudes a prender a palavra que agrava, no instante em que vier à boca, e a anular os pensamentos maldosos, resguardando deles os meus olhos, ouvidos e mãos.

Na hora de agir, quero transformar o mal em bem, o que degrada em exaltação, o tumulto em paz. E, se isso não for possível, silenciar-me.

Obrigado, Senhor, muito obrigado!

Viver por inteiro

SENHOR!

Viverei pela metade, se tiver meia fé, meia paz, meia esperança, ou se perder tempo com "se fosse, se pudesse...", com a imprecisão, no vácuo de uma verdade maior.

As incertezas no pensar impedem a segurança no progresso.

Rogo-Te, Senhor, possa eu pôr direção e firmeza no que fizer, ter esperança no amanhã, dominar os maus pensamentos, estabelecer claros objetivos de vida.

Tudo muda. Riqueza e evidência poderão ser, amanhã, pobreza e decadência. Mas, Tu permaneces, levantando os que caem, suprindo as deficiências, arrumando o mundo. Obrigado, Senhor, muito obrigado!

Compreender e ser compreendido

SENHOR!

Para ser compreendido, ouvido, aceito, obrigo-me a mudar a mim mesmo e a dar bons exemplos.

Não posso forçar os outros a me compreenderem.

Mas, se lhes der atenção, com bastante aceitação e interesse, farei com que assim também ajam comigo.

Por isso, Senhor, dá-me espírito de análise, ensina-me a olhar fundo, a domar a palavra ofensiva, o gesto de acusação, os hábitos de ciúme, orgulho ou raiva.

A partir de agora, vou, antes de agir, estudar melhor os assuntos, as atitudes e as expectativas para o amanhã.

Tenho a capacidade de me transformar. Tu me deste uma força que jamais se acaba.

Obrigado, Senhor, muito obrigado!

Ser amigo

SENHOR!

Quero achegar-me mais aos outros, ser mais amigo, espontâneo, amoroso, e assim viver mais alegre, em paz comigo mesmo porque em paz com eles.

Não é certo ser egoísta e querer apenas para mim atenção e favores, como se obedecesse a uma voz que diz: "Você é quem mais merece ser socorrido e amado".

Estar em luta contra os outros aperta-me o coração. O que me faz bem é compreender e ajudar.

Peço forças a Ti, Senhor, para não ser um ausente, um trancado, um frio, mas alguém que abraça os outros, fala o que é bom, positivo e verdadeiro.

Agradeço a Tua bênção que me faz amigo até às últimas consequências.

Obrigado, Senhor, muito obrigado!

Amar sem ser amado

SENHOR JESUS!

Uma pessoa eu gostaria que me ouvisse, me desse uma palavra, me abraçasse e olhasse nos olhos.

Isso não tem sido possível, o que me abriu uma chaga na alma.

Mas, como acredito em mim e me respeito, não ficarei sujeito à vontade alheia, sem reação positiva. Vencerei a falsa necessidade de ser acolhido, amado, compreendido.

Suplico-Te as forças de resistência. Se, daqui para a frente, amar sem precisar ser amado, experimentarei uma nova alegria: a de ser forte para seguir o meu caminho.

Assim pensando, peço a Tua bênção e me sinto tranquilo.

Obrigado, Jesus, muito obrigado!

Vida de correria

SENHOR!

Sou compelido a lutar, correr para chegar logo, obedecer a horários rígidos, ser educado.

A vida impõe prosseguir, trabalhar, economizar, atender exigências, ser como os outros.

Mas, é perda de tempo achar que o mundo é feio, exigente, desamoroso; ele não se modificará com isso.

O mais certo é ver em cada pessoa um amigo, no trabalho uma oportunidade de realização, no problema um meio de progredir, no cumprir horários circunstâncias triviais. E tudo é bom.

Com a Tua bênção, é a correria uma satisfação e a necessidade do ganho, um jeito de ser melhor.

Obrigado, Senhor, muito obrigado!

Trabalhar bem

SENHOR!

O trabalho me espera, e quero executá-lo da melhor maneira, do começo ao fim do dia.

Estou feliz e espero dar a cada tarefa e a cada pessoa a melhor atenção.

Muitos estimariam estar no meu lugar, manipular coisas, estender atenções, ganhar o sustento, esquecer tribulações; mas, não podem. Não têm serviço ou sofrem impedimentos nos seus esforços.

Levo, ao final do dia, boa vontade, alegria e paz no espírito, o que me possibilita ajudar aos outros, distribuir sorrisos e esperanças.

Rogo proteção a todos os que estão em trabalho, nos labores do pensamento ou das mãos, nos espaços aéreos, na terra ou no mar.

Obrigado, Senhor, muito obrigado!

Comunicar-se

SENHOR!

Sinto necessidade de me comunicar melhor, falar e ouvir com proveito, entender o que o outro sente, participar de suas alegrias e tristezas.

Como ensinaste, "a boca só fala do que o coração está cheio".

Grande responsabilidade e vigilância me cabem, devo levar às pessoas o que eu tiver de mais valioso.

Tu me dás força, Senhor, e, com ela, calarei para que os outros falem; amarei o máximo que puder; afagarei; elogiarei; deixarei o coração se expandir na boa palavra.

Quando falar ou ouvir, mostrarei minha alma que vibra e ama.
Obrigado, Senhor, muito obrigado!

Elevação espiritual

DEUS, MEU PAI!

Meu ser está preenchido do Teu espírito. Caminha dentro de mim uma vibração potente, capaz de romper limites e de me elevar às alturas.

És, para mim, fonte de firmeza interior, de alegria sadia, de esperança que me fecunda as raízes.

Meu íntimo Te quer e busca, como um prisioneiro que anseia arrebentar as grades da prisão e respirar o ar da liberdade.

Quero que todos nos libertemos da ignorância e do desânimo e, ajoelhando-nos, cantemos as glórias da Tua Paternidade.

Como Teu filho, intenciono sustentar, ao máximo, a leveza do pensamento e a paz profunda. E, em cada pessoa, procurarei encontrar a Ti.

Obrigado, Deus, muito obrigado!

Paciência

SENHOR!

É sofrido esperar algo que não acontece. Eu preciso de forças para vencer a ânsia da espera e deixar para a hora certa o que não é para agora.

É difícil aceitar a Tua vontade; no entanto, esperar depende apenas de mim.

Se considerar a espera sem importância, o que aguardo perde o sentido de necessidade, não oprime o sistema nervoso nem me cria problemas.

Rogo, pois, Senhor, que me venha a Tua força, de mansinho, transformando-me e dando-me paciência.

Vou me esforçar, e muito. A partir deste momento, terei esperança. Expressei o que queria e me sinto aliviado.

Obrigado, Senhor, muito obrigado!

Um pouco de Deus

Ó DEUS!

Com um pingo da Tua paz, fazemos um mar dentro de nós; com uma faísca do Teu amor, construímos uma usina de benefícios; com um pouco da Tua luz, nos iluminamos por completo.

Na nossa pequenez, precisamos, e muito, de um pouco de Ti, para que, desse pouco, façamos um bom tanto.

Os nossos defeitos e apertos vêm de pensamentos, palavras e ações distantes de Ti.

Para bem fazer as coisas e progredir com segurança, expomo-nos, agora, à transformação.

Acalenta-nos o coração, ó Deus, e instrui a nossa mente. Um pouco de Ti é, para nós, a felicidade.

Obrigado, Deus, muito obrigado!

Paz com Deus

DEUS, MEU PAI!

Quero a paz Contigo. Não é justo me sentir azarado, infeliz, perseguido por Ti. Tu não me castigas ou persegues. Não queres dar a sorte, a riqueza, a saúde a outros, mais que a mim.

Como poderia um pai amoroso privilegiar uns filhos em prejuízo de outros? Tu me consideras igual aos outros, distribuis o amor, as bênçãos, as energias, a luz para todos. Entendo isso.

Afasto a revolta, o ressentimento, as ideias negativas. Tenho os favores

Teus. Penso num bom futuro. A riqueza, a saúde e a alegria estão em mim.

Obrigado, Deus, muito obrigado!

Falar com Deus

DEUS!

Tu vês o que me vai na alma, o que sou de verdade, o que tenho feito, as minhas aspirações, como encaro a vida, o que entendo por felicidade. Tudo vês e tudo Te mostro, em paz e silêncio, sem resistência ou fingimento.

Ao Te visualizar, como agora, liberto-me de males e medos, adquiro as condições para me dar bem com os outros e encontrar a paz.

Eu quero ter mais luz, amar e sentir os efeitos do amor, aprofundar-me no saber, agir com otimismo.

Diante de Ti, a minha confiança aumenta, e me vejo capaz de resolver problemas.

A partir deste momento, estou mais confiante e feliz.

Obrigado, Deus, muito obrigado!

A voz do Senhor

SENHOR!

Um dia, falaste-me: "Tu me tens procurado apenas com a razão, sem amor. Se amares, verei teu ser se ampliar e te distribuirei minhas virtudes. Muitos me procuram com o intelecto, mas suas essências, seus corações não se preparam para receber as minhas virtudes".

Compreendi, então, que tem forte sentido ser alegre, esperar pacientemente, dar valor a quem conversa comigo, manter pureza em meio à devassidão, renunciar ao prazer irresponsável, dar a quem não tem. Isso me cala na alma.

Meu espírito se compraz diante do muito que posso fazer e crescer. Obrigado, Senhor, muito obrigado!

Deus: caminho e vida

DEUS!

O que seria de nós, sem Ti? O que seria de nós sem a Tua luz que nos clareia os caminhos? Que seria de nós sem a Tua força que nos sustenta a marcha?

De Ti vêm todas as boas coisas, a direção para os nossos pés, a disposição para viver, o bem-estar.

Agora, colocamos o nosso pensamento à Tua disposição, com fé. Recebemos um influxo para cima, para a alegria, para compreender o que podemos dar e receber, o que somos e para onde vamos.

Consideramos vencidos em nós os vícios, a maldade, o pessimismo, a solidão, e, com isso, a paz se apresenta.

Sustenta, ó Deus, a nossa vida nesse bom sentido.

Obrigado, Deus, muito obrigado!

Louvor a Deus

DEUS!

Vêm Te saudar as mãos que trabalham, as roseiras, as macieiras, a água, o sol, a grama, o ar, o vento, a terra, a estrela, os animais, as árvores, os olhos, os lábios, os pés, o coração, a mente, a alma, a paz, o amor, a esperança, a infância, a juventude, a velhice.

Tudo o que vibra, trabalha e se agita Te saúda.

Também nos incorporamos aos louvores que da Terra se levantam. Em nós, o Teu poder atua, querendo que sejamos hoje melhores do que ontem, que vençamos barreiras e que amemos com sinceridade.

Agradecemos o que somos e Te rendemos culto, como grãos de areia que louvam o Sol e o refletem. Obrigado, Deus, muito obrigado!

Fé em Deus

SENHOR, MEU DEUS!

Caminho, neste momento, por entre os espinhos, as pedras, as dificuldades, buscando reunir forças e esperanças.

Tudo se apresenta adverso, emperrado; mas, vencerei.

A Tua bênção me trará um desafogo. O emperramento, o desestímulo e a adversidade sumirão por completo.

Confio em Ti de todo o coração. Creio nos Teus ensinamentos, no conforto da Tua paz.

Não sou joguete de forças inferiores nem escravo de problemas, incompreensões ou maldades.

Seguirei com confiança. Não desanimarei nem desesperarei. Manterei a fé em Ti ainda que a dificuldade me cerque por todos os lados. Obrigado, Senhor, muito obrigado!

O sol de Deus

MEU DEUS!

Tu és a paz do meu espírito, a visão dos meus olhos, o som dos meus ouvidos, a esperança do meu coração.

Quando fixo o pensamento em Ti, vem-me uma onda benfazeja.

Diante de Ti, quero ser como a roupa lavada e colocada ao sol para secar. Meus egoísmos e pessimismos, descrenças e erros são limpos na água do Teu amor e postos à prova.

Tenho enorme desejo de me realizar, como um rio que quer chegar ao mar.

Mediante o sol, que Tu és, o meu íntimo se clareia, renova, vivifica, espera com confiança dias melhores.

Tudo em Ti me alegra e desperta forte vontade de amar, ser verdadeiro e perfeito.

Obrigado, Deus, muito obrigado!

Deixar Deus entrar

MEU DEUS!

Com a Tua entrada em mim, tudo se modifica. O amargor, o desalento, a revolta perdem forças.

Deixar-Te entrar significa aceitar-Te como Criador, Pai, Mãe, Mantenedor.

Quando evito que entres em mim, as imperfeições se fazem senhoras do campo interior e põem domínio.

Ao Te acolher, afastas a escuridão, o detrito, a imperfeição, e fazes surgir flores nos lamaçais, calmaria no rebuliço.

Tua presença é muito agradável, permite-me começar uma vida de progresso sem fim.

São tão grandes as Tuas graças que me sinto pequenino e impelido a trabalhar para ser digno delas.

Obrigado, meu Deus, muito obrigado.

Expor-se a Deus

MEU DEUS!

Quero fazer as coisas com mais perfeição, dizer a palavra justa na hora certa, ser paciente com os outros, pensar com ânimo e sem ignorância.

Tu estás dentro de mim, me amas, queres o meu progresso, a minha paz.

Animado com isso, exponho a Ti os meus defeitos, as minhas imperfeições, que, ao receberem o Teu toque, desaparecerão.

Tomo, agora, a decisão de ser mais responsável, amoroso, amigo, irmão.

Protegido por Ti, como estou, passarei por uma grande transformação e alcançarei progresso e paz. Obrigado, Deus, muito obrigado!

Ajuda de Deus

Ó DEUS!

Para viver, preciso de Tua ajuda.

Quando me sinto desamparado por Ti, o trabalho é um castigo; o lar, um fardo; os amigos, uns falsos; a diversão, uma enfadonha necessidade.

Mas, à medida que aumento a crença em Ti, entendo tudo. Compreendo a razão da minha existência, o porquê de não estar no mundo à toa ou a passeio.

A partir desse ponto, as minhas emoções se afloram, começo a pensar em beleza, em paz, em esperança, em vida – valores que tomam corpo e me dão prazer de viver.

Então, é de Ti que vem o que sou, a grandeza do meu futuro, o prazer da minha inspiração.

Obrigado, Deus, muito obrigado.

Socorro de Deus

Ó DEUS!

Tudo me parece atrapalhado, impreciso, amarrado, difícil.

O mundo se faz adversário poderoso, indomável.

Preciso de socorro e alívio. Mas, de onde me virá o socorro, senão de Ti, que tens o poder de levantar os caídos, dar esperança aos desalentados?

Estou certo de que possuis um remédio para cada uma das minhas dores.

Teu poder supre-me as necessidades, faz-me nova pessoa.

Ao buscar-Te, minhas forças se aglutinam, atraem a Tua bênção e alcançam bom resultado. Se até há

pouco existia sofrimento, agora estou bem. Agradeço-Te.
 Obrigado, Deus, muito obrigado!

Confiar em Deus e em si próprio

Ó DEUS!

Quero confiar em Ti e em mim. Mas, como confiar em Ti, que não vejo, sem confiar antes em mim, que aqui estou, me vendo, me manobrando?

A partir de mim, que sou real, visível, concreto, chego a Ti, meu Criador. Ao confiar em mim, cresce a confiança que tenho em Ti. Mas, é do confiar em Ti que mais cresce a confiança em mim, porque é mais forte a fé no Criador do que na criatura.

Aumenta, ó Deus, a confiança em mim.

Se confias em mim, porque me fizeste e me esperas, como aceitar que eu mesmo não acredite em mim? Com confiança maior em mim, terei uma vida de dias melhores.

Sempre e sempre, confiarei em Ti e em mim, abundantemente.

Obrigado, Deus, muito obrigado!

Deus e eu

DEUS!

Acreditar em Ti é o principal. Chegas a curar-me de todo o mal, se acredito em Ti, no Teu poder e sublime amor, porque estamos unidos.

Tu e eu, as duas faces da mesma moeda, a maior união do Universo.

Ao crer em Ti, recebo logo a Tua bênção. É como crer que verei a luz do sol amanhã. Com grande certeza nisso, enxergo, desde já, a luz de um novo dia.

Graças à compreensão dessa unidade, Senhor, melhor entendo a razão da vida, a questão da paz e do futuro.

Essa grande verdade me toca, preenche, sacode, aumentando a minha esperança no futuro.

Obrigado, Deus, muito obrigado!

Prece dos pais diante do recém-nascido

PAI DE TODOS NÓS!

Aqui estamos, diante da criança tão esperada! Aqui estão seus olhinhos, seus bracinhos, perninhas...

Como exprimir a alegria de ser mãe e pai? Como conduzir esta nova vida?

Dá a ela, Pai nosso, saúde, lucidez de espírito e bom coração.

Queremos vê-la, digna, chegar ao ponto mais alto que puder.

De nossa parte, tomamos como juramento nunca faltar com a proteção, a atenção, a palavra amiga.

Tudo faremos na formação de seu caráter. Abençoa-a por meio de nossas mãos que a afagam. Que esse coraçãozinho repouse no Teu coração e que essa mente se forme na Tua mente.

Obrigado, Pai, muito obrigado.

Proteção do lar

SENHOR!

Protege este lar. Derrama sobre ele bênçãos e mais bênçãos, quais uma grande cascata.

Dá-nos das Tuas vibrações, para que tenhamos sempre alegria, saúde e amor em larga escala.

Defende-nos, Senhor, do egoísmo, da descrença, da desarmonia.

Põe, em cada um de nós, permanentemente, uma palavra de calma, um ouvido de atenção, um olhar de simpatia e a força da esperança.

Que os anjos da guarda desta casa nos vejam receptivos aos bons pensamentos, dispostos a perdoar e recomeçar.

Agradecemos-Te, Senhor, toda a paz deste lar e o entregamos em Tuas mãos.

Obrigado, Senhor, muito obrigado!

Paz em família

SENHOR!

Principalmente em família, dá-nos a paz. Sem essa paz, o mundo é pesado e complicado. Com o entendimento e o respeito mútuo dentro de casa, porém, o trabalho é alegre, resolvem-se os problemas, vive-se bem.

Faze de nossa família, Senhor, uma corrente de elos resistentes.

Que, com a Tua bênção, nos aprofundemos no conhecimento de nós mesmos e entre nós mesmos.

Não deixes que, em nenhum momento, se imponha entre nós a acusação, o ciúme, a violência; mas que, até por olhares e gestos, nos amemos. Que ajudemos a sociedade com a energia positiva da paz em família.

Obrigado, Senhor, muito obrigado!

Oração dos pais

SENHOR!

Fortalece-nos no amor aos filhos. Não nos deixes desesperar, se estiverem revoltados; omitir-nos, se precisarem de ajuda; ser frios, se carecerem do nosso calor.

Que os amemos intensamente, sem querer que sejam nossa imagem.

Se o desequilíbrio, a droga, a rebeldia, as circunstâncias difíceis os visitarem, preenche-nos de fortaleza e paciência para que encontrem em nós um apoio. E que aceitemos as provações e carências como aprimoradoras de suas personalidades.

Agradecemos a força que dás a cada um dos nossos filhos, a luz que lhes ilumina os caminhos e a paz de seus espíritos.

   Obrigado, Senhor, muito obrigado!

Educar os filhos

SENHOR!

Não quero, a pretexto de educar os filhos, descarregar sobre eles as minhas raivas e frustrações.

Desejo aproveitar os seus coraçõezinhos puros, suas mentes virgens, para nelas pôr elevação, bondade, dignidade e sadia correção.

Nesse sentido, necessito de educação para o meu próprio coração e paciência para compreender.

Como quem planta, receberei amanhã o que hoje der.

Corrige, pois, Senhor, os meus desvios e erros. Indica o melhor que eu devo fazer. Segura minha língua e mãos para eu não ser

cruel ou injusto. Ensina-me a soltar o amor que prendo no coração.
 Obrigado, Senhor, muito obrigado!

Luta em família

SENHOR!

Melhora a nossa família. Põe, em nós, serenidade e entendimento para que ajamos com sã razão.

Quando não nos compreendemos, a dificuldade se estabelece, o lar se transforma em ilha de egoísmo, o que poderia ser um céu fica um inferno.

Queremos, Senhor, um lar com tranquilidade, harmonia, paz.

Rogamos a Tua proteção. Que ela chegue sobre nós, espalhe-se, penetre-nos, afaste os fantasmas da incompreensão, da ingratidão, da desordem, da violência.

Que seja a nossa bandeira o amor. Que nos abracemos felizes e, juntos, rendamos-Te graças.

Obrigado, Senhor, muito obrigado!

Incompreensão na família

Ó DEUS!

Venho travando difícil batalha em família. Sofro a incompreensão até nos assuntos de menor importância.

As minhas formas de pacificação não têm dado resultado.

Se sou paciente, taxam-me de covarde; se procuro as pazes, sou falso; se ajo com severidade, sou carrasco; se mostro mansidão, sou fraco. Quando quero falar, sou barrado; quando não falo, sou inoperante; quando trabalho, estou fugindo; quando não trabalho, sou preguiçoso.

Suplico-Te, Deus, que me dês esclarecimento, paciência, amor e força para a ação. Com o Teu poder a agir na minha família, os nossos pensamentos, palavras e ações serão outros.

Obrigado, Deus, muito obrigado!

Pelo filho rebelde

SENHOR!

Em face do filho rebelde, rogamos-Te orientação no que pensar e agir.

Coloca em nós um amor que seja ponto de convergência das nossas ações.

Que na afronta, na dificuldade mais forte, entendamos as razões do coração jovem e impetuoso e dosemos energia e bondade, conforme as exigências de sua liberdade.

Que sejamos a fonte em que se inspire, e não um complicador a mais.

Suplicamos-Te, Senhor, muitas bênçãos sobre ele.

Fortalece-o, para que não caia nos precipícios do mundo. Segura-o pela mão, até que possa andar com os próprios pés. E abençoa-nos também.

Obrigado, Senhor, muito obrigado!

Prece da mãe pelo filho falecido

SENHOR!

Meu coração dói por causa do filho que se foi, mas minha fé resiste.

Em outras partes, as mães também carregam o peso da separação dos filhos. E, se tantas são chamadas a essa prova, é porque tens um plano para elas e para os seus filhos.

És Tu mais do que uma mãe. És a mãe das mães. Os filhos de todas as mães são mais filhos Teus do que delas.

Põe, pois, uma bênção sobre minha cabeça, e vencerei a dor.

Recebe o meu filho, afaga-o, protege-o, destina-lhe um pouso de paz, onde será muito mais feliz do que aqui.

Conforta também o coração das outras mães para que aceitem a Tua lei de amor.

Obrigada, Senhor, muito obrigada!

Pela mãe falecida

SENHOR!

Com a morte da minha mãe, quanta dor, quantas lembranças!

Mas, ela é alma, é espírito, e vive para sempre.

Sei que mudou de moradia e que não gostaria de me ver fraco e descrente. Mas, mesmo pensando assim, a minha fé está sendo provada.

Por isso, recorro a Ti. Passa-me, Senhor, um bálsamo sobre as saudades, sobre as recordações amargas. Eleva a minha mãe, abençoa-a, guarda-a e resguarda-a.

A certeza de que cuidas dela me enche de esperança e tranquilidade. Agradeço-Te.

Vejo-a cercada de luz, em ambiente de paz. Até lá chegam os meus pensamentos desta hora e chegarão as minhas futuras orações. Obrigado, Senhor, muito obrigado!

Pelo pai falecido

MEU DEUS!

Meu pai faleceu. Sinto-me, agora, no dever de ser alicerce, força e compreensão.

Se me desesperar, não estarei ajudando nem a ele nem a mim. Assim, da minha pequenez retiro grandeza, do coração dolorido faço fortaleza, da falta de fé conquisto coragem.

Banho-me na força que me dás e me reforço. Mantenho o ânimo alto, e isso diminui a sensação de perda.

Sei que o reencontrarei, um dia, pois que ele vive na plenitude do espírito.

Rogo por ele. Leva até ele, Deus, uma bênção e uma luz que o façam plenamente feliz.

Obrigado, Deus, muito obrigado!

Marido alcoolista

SENHOR!

Meu marido é alcoolista. Por causa disso, quanta dor, desequilíbrio, violência, maus-tratos...

Meu lar perde o esteio, a orientação, a paz... Palavras e conselhos não têm resolvido, e já não aguento mais...

Tu és meu refúgio, meu suporte. Fazes aparecer melhorias onde todos perderam a esperança, levas soluções onde nada mais havia por esperar. Por isso, Te procuro.

Mentalizo, agora, profunda e demoradamente, o meu marido diante de Ti, e o vejo recebendo bênçãos curadoras.

Tu tens poder, podes tudo transformar. Pensando assim, agradeço o Teu amor que nunca nos abandona. Obrigada, Senhor, muito obrigada!

Oração da saúde

SENHOR!

Para ter saúde, penso em saúde. Saúde integral, total, perfeita, a me correr o corpo, da cabeça aos pés.

Sou integralmente são. Se pensar que sou meio são, abro uma brecha à doença.

Imagino-me, agora, recebendo Tuas bênçãos de saúde. Energias vivificadoras me levantam, corrigem, melhoram.

Agradeço. E, quando agradeço, recebo.

Agradeço as faculdades e os órgãos dos sentidos, a respiração, a voz, o andar, o sentir, o tocar, o pensar.

Ao agradecer, Senhor, ponho sinceridade, firmeza, esperança.

Em Ti, está o infinito poder que me mantém sadio.

Obrigado, Senhor, muito obrigado!

Prece perante o doente

SENHOR JESUS!

Diante de nós, a pessoa doente. Tu a conheces mais do que ela a si mesma, sabes de suas necessidades, de seus desejos, de seus créditos de bem e bondade, de sua capacidade de espalhar benefícios, do amor que guarda no coração.

Põe a mão, Senhor, e cura essa pessoa, irmã nossa, de todos os males. Liberta-a das amarras, alivia-a, abre-lhe as portas da saúde, da liberdade e da paz.

Nós muito a amamos. Nossos pedidos sobem até a Ti, agora, como um feixe de luz que, ao Te encontrar, cresce, reforça-se e retorna abençoado.

Agradecemos as Tuas providências de infinito amor.

Obrigado, Senhor, muito obrigado!

Na hora da doença

SENHOR!

Não deixes a doença me dominar. Se me padece o corpo, fortalece a mente e a alma para que não se abatam. Não sou doente. Doente é o que não crê em Ti.

Para minha recuperação, tudo tem valor. Os remédios, os cuidados médicos, a enfermagem, os auxiliares, o repouso.

Mas, és Tu o melhor medicamento, o maior conforto.

Mesmo com dificuldade, busco-Te, para que me toques e cures. E também Te agradeço, pois estas horas me são benéficas, fazem-me relembrar o que fiz, pensar na vida, na grandeza do amor.

Ponho em Ti a minha esperança. Seja feita a Tua vontade, agora e sempre.

Obrigado, Senhor, muito obrigado!

Antes da cirurgia

MEU DEUS!

Vou me submeter a uma cirurgia, quando, então, os médicos estarão fazendo o melhor possível para me curar.

Suplico Tua bênção sobre todo o meu ser e também sobre os médicos, enfermeiros e ajudantes.

Assim como me preparam o corpo para a cirurgia, preparo-me, intimamente, a fim de dar ajuda da minha parte.

Confio em Ti e me considero no encontro com a cura total.

Até mesmo prevejo a fase da recuperação, com a saúde despontando como o sol da manhã, como a chuva depois da seca, como um abraço de mãe.

Essa cirurgia, abençoada por Ti, renova-me o corpo e também a alma.

Obrigado, meu Deus, muito obrigado!

Quando em convalescença

SENHOR!

Sair de uma enfermidade é como ressuscitar, adquirir asas, preencher-se de esperança.

O tratamento, o corpo que fraquejava, a recuperação estão sendo para mim um exercício do espírito.

Quanta coisa, Senhor, rememorei, aprendi – e de quantas me arrependi!

Agora constato o quanto a doença me foi útil.

Trouxe-me à realidade da vida, mostrou-me com clareza os acontecimentos, a saúde, as pessoas, os problemas e suas soluções.

Ressurjo, melhoro-me e planejo o futuro. Agradeço a vitória que me vem. Assumo o compromisso de não voltar ao que era antes e de imprimir rumo no que fizer, tendo o amor por base do meu progresso.

Obrigado, Senhor, muito obrigado!

Ser pobre

SENHOR!

Por não ter dinheiro, sofro as pressões do meio, que mostra benefícios aos ricos.

A riqueza dá felicidade, paz de espírito?

Ela também tem os seus inconvenientes, é enganosa. Junto com ela, vem a perda dos amigos verdadeiros; o desgaste na atenção aos bens; a doença pela fartura da comida; os males da ganância, da vaidade e do orgulho; o medo de assaltos, o incômodo do bem deixado de fazer.

Por isso, Senhor, dá-me a humildade. Eu agradeço por ser como

sou, sem sofrer por não ter mais.
Rico é quem Te ama.

Obrigado, Senhor, muito obrigado!

Pelos que sofrem

Ó DEUS!

Sofro ao pensar na dor de muitos, neste momento.

Doentes, solitários, enlouquecidos, desorientados, prisioneiros das grades, da miséria ou da angústia.

Aos que mais sofrem, peço maior compaixão.

Toca, Senhor, nos doentes e cura-os; nos encarcerados, põe um profundo consolo para que se sintam livres intimamente; nos desorientados, desanimados, sem fé, envelhecidos, desprezados, enfim, em todos os sofridos, derrama Tuas bênçãos de alívio e esperança.

Só Tu tens o supremo poder de converter as realidades tristes em alegrias.

Obrigado, Deus, muito obrigado!

Aperto financeiro

SENHOR!

No meu aperto financeiro, ajuda-me a manter o equilíbrio, a calma, o otimismo.

Confio em Ti, no poder da ação, da palavra, do acordo, do auxílio da pessoa certa.

Tudo se resolve. O aperto financeiro até me beneficia. Ensina-me a ganhar a vida, a usar métodos novos, a fazer as coisas melhor que antes.

Mas, preciso de Ti, dos Teus infinitos recursos.

É a Tua bênção que me faz silenciar lamentos, crer nas forças, aumentar a fé, o ânimo, a vontade de vencer. E tudo fica fácil.

Vejo-Te me abençoando. Sairei à luta.

Obrigado, Senhor, muito obrigado!

As duas janelas

SENHOR DEUS!

Vejo-me numa sala com duas janelas. Abro uma e me deparo com um lugar escuro, pantanoso, infecto, malcheiroso.

Se não a fecho logo, entram as cobras, os vermes, os monstros. Horrível.

Vou para a outra janela, no lado oposto. Abro-a, e que agradável surpresa! Uma claridade suave, uma brisa agradabilíssima, um aroma delicioso, uma relva bem verde, flores por todo lado.

Essas janelas são os pensamentos negativo e positivo. O negativo é a janela do pântano, do horror; o positivo, a da luz, da brisa, da alegria, da paz – a que manterei aberta.

 Obrigado, Senhor Deus, muito obrigado!

Pintura interior

SENHOR!

Uma casa que necessita de pintura, que tem as paredes desbotadas, sujeiras nos cantos, teto engordurado, vidros embaçados, assim é a minha casa interna.

As velhas ideias, preconceitos, maus hábitos, na cor cinza-chumbo, pedem a cor branca para desaparecer. Os ódios, rancores, ciúmes, na cor roxa, perdem agressividade com o azul bem clarinho. O desânimo, a preguiça, a tristeza, na cor parda, exigem o verde da esperança.

Com pintura nova e a brisa dos pensamentos de ideal, bem e paz, terei nova casa interna.

Peço-Te, Senhor, lindas tintas para a pintura interior.
Obrigado, Senhor, muito obrigado!

Caminho da perfeição

SENHOR, MEU DEUS!

Tenho forte desejo de mudar de vida, ser alegre e esperançoso, conhecer melhor a mim e aos outros.

Necessito sepultar o mau passado, renovar-me no amor e no pensar positivo.

Quero entender o que queres de mim e o que posso dar à vida, quero aprender a ser feliz.

Por isso, esclarece-me, Senhor. Ilumina-me. Faze-me romper com tudo: ignorância, imperfeição, escuridão, desânimo.

Como uma centelha Tua que sou, desejo ver-Te, olhando-me; buscar-Te, encontrando-me; louvar-Te, exercendo as minhas qualidades.

Assim, evoluo, me aperfeiçoo e chego a Ti.

Obrigado, Senhor, muito obrigado!

Corrigir os defeitos

SENHOR!

Ainda tenho muitos defeitos. Critico, invejo, cobiço, envaideço-me...

Mas, carrego comigo uma meta: ser melhor, crescer até onde puder. Crescer não em aparência, dinheiro, posição; e sim no que é eterno, indestrutível, verdadeiro.

Para tal, rogo-Te inspiração, força, coragem.

Quero trabalhar responsavelmente, amando os outros, ombro a ombro e lado a lado, unido a Ti, agradecido, pronto a seguir-Te.

Nesse sentido, caminho, agora, para a perfeição e o bem, vencendo os obstáculos e a infelicidade.

Obrigado, Senhor, muito obrigado!

Eliminar o desejo de fuga

Ó DEUS!

Sou tomado de um desejo de ir não sei para onde e de fazer não sei o quê.

Sinto-me desorientado, em fuga, insatisfeito com o que sou, com o que vivencio, com o que faço. Falta-me paz.

Se nada me dá prazer, a causa sou eu mesmo, que olho com lente negra o passado, o presente e o futuro.

Tenho que me analisar melhor, reconhecer que possuo divindade, bondade, beleza, alegria, verdade.

Ao reconhecer essas qualidades, sentirei grande prazer em viver.

Assim procedo, neste instante, e me sinto melhor.

Agradeço-Te a luz do entendimento que afugenta o desejo de fuga.

Obrigado, Deus, muito obrigado.

Vida esclarecida

SENHOR DEUS!

Não quero viver na ignorância, tolhido, infeliz, impedido de desfrutar uma vida melhor.

Posso ser mais, semear o bem e o amor, expandir a alegria e a esperança, desfrutar de maior paz.

Dá-me, Senhor, uma nova visão do mundo e das pessoas, um novo pensar, uma força que me faça romper o desconhecimento, a inércia, a escuridão, a grossa casca que me envolve.

Aponta-me o sentido real da vida, o que devo fazer, como aprender mais, elevar-me, viver plenamente.

Quero ter olhos que mais penetrem, quero ir ao máximo nas minhas qualidades.

Obrigado, Senhor, muito obrigado!

Vigiar a palavra

SENHOR!

Eu me penitencio por todas as vezes em que usei mal a palavra.

Para o futuro, vou policiar o que digo e, para isso, policiar o que penso, pois a má palavra não volta para ser retificada.

Como os assuntos merecem escolha, fortalece-me para cuidar dos que interessam à melhoria minha e dos outros.

Daqui para a frente, guardarei, bem agasalhada, a boa orientação.

No coração, com cuidado, aprimorarei o sentimento, buscando servir e me elevar.

O mais importante, agora, Senhor, é vigiar pensamentos, falar com acerto, estar em paz com todos.

Obrigado, Senhor, muito obrigado!

Ser educado

SENHOR!

Em muitas ocasiões, ainda sou rude, deseducado, violento.

Desejo ardentemente vencer esses defeitos, controlar-me, adotar atitudes comedidas e educadas.

Quero evitar os exageros nos gestos, as respostas secas, o olhar atrevido, a falta de amor.

Corrige, pois, Senhor, a minha forma de ser. Fortalece-me no sentir, pensar e agir. Guia-me no bom caminho, a fim de refazer o malfeito, respeitar a todos, não ofender a ninguém.

Não sou mais uma pedra bruta; dentro de mim há um anjo que

quer se mostrar. E ele se mostrará, mediante o meu esforço e as Tuas bênçãos.

Obrigado, Senhor, muito obrigado!

Evitar o aborto

PAI CELESTE!

Defende este filho dentro de mim.

As pressões que recebo, as circunstâncias em que me encontro me instigam a abortar, abortar, abortar.

Mas, uma voz interior me diz: "Deixe nascer, deixe nascer, deixe nascer".

Se trancar esta vida que floresce em mim, eu me mancharei para sempre e me arrependerei.

Por isso, suplico-Te proteção e força de resistência. Socorre-me, para que eu não fraqueje.

Sejam quais forem as dificuldades, possa eu dizer ao meu filho: "Nasça, viva, cresça, seja feliz".

Ele já faz parte da minha vida. Quando nascer, quero dizer: "Sou mãe, não permiti que mãos assassinas me arrancassem o fruto sagrado".

Obrigada, Pai Celeste, muito obrigada!

Recuperar-se de um susto

SENHOR!

De repente, tudo aconteceu...

Mesmo com os nervos à flor da pele, venho Te agradecer por estar a salvo.

Noto, em face do ocorrido, um sentido na minha vida que não via antes. A iminência de perder tudo, em circunstância dramática, acorda-me para uma nova realidade.

É o que resulta de um assalto, de um acidente, quando temos fé em Ti.

Achava segura a vida, não imaginava me pudesse escapar tão rapidamente.

Sinto, agora, o gosto de viver. Como é bom respirar, andar, alimentar-me, dormir, ter uma família, praticar o bem, buscar o pão de cada dia!

Daqui para a frente, terei novos olhos. O susto despertou-me de um sono.

Obrigado, Senhor, muito obrigado!

Impedir o suicídio

SENHOR!

Ajuda-me a jogar fora as ideias de extermínio, como se faz com um trapo, com um papel sujo, com algo nojento.

Elas perturbam, mas devo ser forte, resistir, ter otimismo e bom objetivo.

Se apreciar a vida, sem culpar o mundo pelas minhas faltas, a ideia de destruição sumirá.

Tudo é vida. O sol aquece, a planta produz flor e fruto, a água limpa, o ar sustenta, a criança cresce, o dia passa, o mal se desfaz.

Daqui para a frente, vou me entregar à luta, acreditar em mim mesmo, na força de recuperação que ainda não usei.

A partir de agora, afugento para bem longe as trevas e a perturbação, pois Tu me amparas.

Obrigado, Senhor, muito obrigado!

Prece do atropelador

MEU DEUS!

Eis que, com rapidez incrível, tornei-me um atropelador. Meu carro bateu e uma pessoa tombou.

Não sei como tudo pôde acontecer. Não era minha intenção fazer mal a ninguém.

O que mais me interessa, agora, é fazer-Te um pedido. Restitui a saúde a quem atropelei e, se houver falecido, abençoa a sua alma. Penso nessa pessoa com o maior carinho e também nos que cuidam deste assunto. Todo o bem feito a ela é feito a mim, é um alívio para mim.

Fortalece o meu espírito, para eu não ter sentimento de culpa, e aprofunda o meu senso de responsabilidade, para eu cumprir todas as minhas obrigações.

Agradeço a proteção que dás à pessoa atropelada.

Obrigado, meu Deus, muito obrigado!

Depois do acidente

MEU DEUS!

Jamais pensei que também comigo acontecesse um acidente.

Mas, estou com vida. De tudo o que houve, restou-me o mais importante: a fé.

Quando relembro o que passei, sinto calafrios, mas aquilo nada mais foi do que uma prova, da qual saí com uma crença maior em Ti.

O ocorrido me eleva interiormente e mostra o quanto é bom viver e ter esperança.

Minha fé, daqui para a frente, não será da boca para fora, mas uma fé forte, que enfrenta problemas, que luta e não se acaba.

Agradeço-Te, ó Deus, por me haveres poupado a vida e ensinado que o mais importante mesmo é cuidar da alma imortal.

Obrigado, meu Deus, muito obrigado!

Prece do drogado

MEU DEUS!

Tenho a cabeça confusa. Nem sei explicar como a droga chegou, tomou conta de mim, me aprisionou e escravizou.

O que antes era curiosidade, fuga, divertimento, agora é tormento.

Preciso ser mais "eu mesmo", menos carente.

Sou digno de ser feliz. Sobrou em mim, Deus, uma ponta de fé. Vou usá-la para deixar as drogas, afastar os maus amigos, vencer os impulsos ferozes.

Com essa ponta de fé, levantarei o ânimo, medirei as consequências dos meus atos, pensarei na infelicidade que assola meus pais e no futuro que jogo fora.

Sustenta-me, Deus, para eu não cair e bem raciocinar, me tratar e curar.

Obrigado, Deus, muito obrigado!

Prece do trabalho

Ó DEUS!

No concerto das forças que Te louvam, também eu estou.

Sou o trabalho, a conjugação de esforços, a edificação, a ação.

Minha missão é transformar, crescer, resolver.

Quem me adota converte a tristeza em alegria, a desarmonia em paz, o desespero em esperança, esquecendo o mal.

Por mim se edificam o saber, o amor e as civilizações.

Mas, sei, Senhor, que Tu és quem mais trabalha. Fazes do ignorante um sábio, do vilão um santo, do ladrão um ordeiro. Pões a nascer o sol e operas o âmago da Natureza.

Rogo-Te me ponhas no coração dos homens. Que de mim se lembrem e por mim se satisfaçam.

Obrigado, Deus, muito obrigado!

Oração da manhã

Ó DEUS!

O dia começa e o meu coração bate, desejando aproveitá-lo.

Este dia me será de bom trabalho, boas amizades e prazer de viver.

Desde agora, estou, por inteiro, ao Teu dispor.

Tu falarás por mim, neste dia, pensarás na minha mente e ouvirás nos meus ouvidos.

Não me embalarei em ilusões e ideias depressivas.

No dicionário deste meu hoje não existem as palavras desânimo, descrença, egoísmo; há apenas bondade, sorriso, elevação.

Atua, ó Deus, em mim, para que eu me supere em qualidades, esforços e resultados.

Como Teu filho, debruço-me a desfrutar o dia, ansiando por amar.

Obrigado, Deus, muito obrigado!

Oração do entardecer

Ó DEUS!

Cai a tarde, a noite se aproxima. Há, neste instante, um chamado à elevação, à paz, à reflexão.

O dia passa e carrega os meus cuidados. Quem fez fez.

Também a minha existência material é um dia que passa, uma plantação que se faz, um caminho para algo superior

Como fizeste a manhã, a tarde e a noite, com seus encantos, fizeste também a mim, com os meus significados, meus resultados.

Aproxima de mim, Pai, a Tua paz, para que eu usufrua desta hora e tome seguras decisões para amanhã.

Que se ponha o sol no horizonte, mas que nasça em mim o sol da renovação e da paz, para sempre.

Obrigado, Deus, muito obrigado!

Oração da noite

SENHOR!

Na hora de dormir, penso na humanidade. Seus males, anseios e esperanças me dizem respeito.

Desejo que o dia de amanhã seja melhor para todos, com menos necessitados e mais afortunados, menos fome e desamparo.

Espero que um dia as pessoas se congreguem para louvar-Te, se amem, se abracem, se visitem.

Para que este seja um mundo renovado, suplico as Tuas bênçãos de poder infinito.

Para o lar do pobre, que haja alimento; no lar do rico, que exista a concórdia; no coração de todos, que reine a paz.

Durmo pensando nesse novo mundo e trabalharei para que se concretize.

Obrigado, Senhor, muito obrigado!

Anjos da guarda

SENHOR!

A cada assalto, sequestro ou desastre aumenta-nos o medo de sair à rua, trabalhar, viajar, iniciar um empreendimento, viver.

No entanto, não há o que temer. Tu nos proteges, de várias maneiras. Até anjos puseste para nos instruir e defender. Eles atuam, inspiram-nos, veem os perigos antes de nós, defendendo-nos mais do que os ferrolhos, cadeados e alarmes. São um presente dos céus, um acréscimo da Tua misericórdia; mas, dependem da nossa fé.

Tudo Te pertence, Senhor. A nossa vida, os bens, as posições. Por isso, já estamos seguros.

Confiamos em Ti, nos nossos anjos da guarda, e ficamos em paz.

Obrigado, Senhor, muito obrigado.

Oração da esperança

SENHOR DEUS!

Sou a esperança. Sou eu que faço a mãe guardar no ventre o filho ou prepará-lo para a escola, certa de que ele regressará ao lar.

Contribuo para o trabalhador estar seguro de seu salário, o agricultor confiar na plantação, a terra acreditar na chuva, o corpo entregar-se ao sono, o doente tomar o remédio, o olho se abrir para ver, o coração bater.

Sou feita por Ti, Senhor, para sustentar a marcha dos homens.

Por mim se alimentam, se agitam, suportam, sofrem. Atraio-os

e dou-lhes o divino gosto de viver,
pois, quem me tem, é a Ti que tem.
 Obrigada, Senhor, muito obrigada!

Oração do jovem

SENHOR!

Quero caminhar seguro, sempre para o Alto, protegido por Ti.

Muitos de meus colegas se entregam à fuga, à ilusão, ao medo, à preguiça e às drogas, aprofundando os seus desencantos.

Mas, só os bons objetivos, o trabalho, o esforço no conhecimento das coisas, o domínio de si mesmo, a prática de boas ações dão o gosto pela vida.

Coloco-me em Tuas mãos. Orienta-me. Dá-me sabedoria para escolher entre o bem e o mal, entre o que me convém e o que não convém, entre as boas e as más amizades, entre o bom e o mau futuro.

A fé em Ti é a minha garantia de uma vida feliz.

Obrigado, Senhor, muito obrigado!

Oração da fraternidade

SENHOR!

Chamo-me fraternidade. Quem de mim se aproxima esquece a si mesmo, porque se depara com um objetivo maior.

De mim se aproximam os que veem na vida um sentido, os que não aceitam o lugar comum, os que ardem por valorizar os dias.

Desprezam-me os que não me conhecem e não sabem que construo do nada, transformo pobreza em riqueza, extraio paz do infortúnio e alegria das lágrimas.

Quando toco as pessoas, seus corações se animam e esquecem o mal.

Estou onde me pedem concurso. Estou presa, com os presos; internada, com os doentes. Dou conselhos aos desorientados; ouço os revoltados; distribuo amor maternal a todos.

Obrigada, Senhor, muito obrigada!

Oração da mulher

Ó DEUS!

Sou guardiã da vida. Tu me pegas pela mão, me abençoas, me traças caminhos, me falas verdades, me dás amor.

Posto em Ti, o meu coração se plenifica, a paz me satisfaz.

Concede-me, ó Deus, responsabilidade no perpetuar da vida, senso de direção, aproveitamento das faculdades, fé na força que me sustenta.

Nas horas mais difíceis, sê meu consolo; nas indecisões, a minha bússola; na precisão, o meu socorro; na solidão, a minha esperança.

Como conduto da vida, renovo os filhos da Terra e, em Teu nome, conduzo esperança, alegria e progresso. Obrigada, Senhor, muito obrigada!

Felicidade

PAI!

Dá-nos a felicidade. Se ainda não podemos recebê-la por inteiro, dá-nos um pouco, uma ponta, um pedaço.

A felicidade existe, e todos nascem com o desejo de alcançá-la.

Muitos a procuram no dinheiro, na diversão, no vício, na vaidade ou no orgulho – e se atolam no lodo.

Desejamos uma felicidade de verdade, que possamos conquistar, identificar, tocar.

Queremos encontrá-la num pequenino bem, num dom nosso que se manifeste, num ato de vencer problemas e lamentos.

Agora, Pai, que, ao olhar-Te, descobrimos as nossas falhas, propomo-nos a corrigi-las, sentindo o amor e, com ele, um toque de felicidade.

Obrigado, Pai, muito obrigado!

Paz no casamento

SENHOR!

No meu casamento, não permitas briga, discórdia, rancor.

Quero uma união pacífica, alegre, digna de ser vivida.

Para tal, vou dar atenção à pessoa companheira, elogiá-la e respeitá-la, sem exigir trocas.

Farei a minha parte, como disseste: "Se alguém quiser tirar-te a túnica, dá-lhe também o manto e, se quiser obrigar-te a andar mil passos, anda dois mil".

É a boa vontade que faz milagres no casamento.

Ponho o meu casamento nas Tuas mãos, Senhor.

Comprometo-me a admirar as qualidades da pessoa que é minha companheira e a tudo fazer para vivermos em paz.

Obrigado, Senhor, muito obrigado!

Prece do desempregado

Ó PAI!

Nunca, como agora, necessitei tanto do Teu socorro.

Tenho batido em várias portas, mas deixava de bater na porta mais importante, que és Tu, o dono de todos os empregos, a chave de todos os cofres e a força que influi em todas as mentes.

Mostra-me, Pai, as oportunidades e o que devo fazer.

Mentalizo, agora, um ambiente de trabalho onde executo funções e atendo pessoas.

Esvazio-me de tensões, até mesmo da necessidade de me empregar. Nada me tolhe por dentro ou por fora. Estou abençoado por Ti. Seguirei confiante porque sei que me reservas um bom futuro.

Obrigado, Pai, muito obrigado!

Prece do presidiário

MEU DEUS!

Venho abrir-Te o meu coração. Penso na infância, nos meus pais, nos familiares e colegas. Lembro a vida, com suas dificuldades e desacertos, a prisão (que é um mundo fora do mundo), a companhia de outros que sofrem como eu.

Da sociedade, recebi castigo. Mas, dentro de mim há um coração que bate, uma alma que anseia, uma esperança que não se acabou.

Ao sair daqui, terei vida nova e amarei a sociedade. Ela não tem culpa nem rosto, pois é o que pensamos dela.

De verdade, não sou um preso. Presos são os que se fecham no egoísmo e no orgulho, são os que não sabem amar. E eu ainda tenho muito a oferecer ao mundo, pois o meu coração é grande.

Obrigado, Deus, muito obrigado!

Início de reunião

SENHOR!

Unimo-nos para aprender de Ti. Estamos de coração e mente dispostos a beber a água viva dos Teus ensinamentos.

Abençoa nossas aspirações e o bem que desejamos realizar. Que o amor não seja em nós apenas palavras, mas energia de vibração e transformação.

Guiados por Ti, convertemos nossa pequenez em grandeza, a fraqueza em força, a intranquilidade em paz.

Tu, que nos conheces mais do que conhecemos a nós mesmos, vês o quanto queremos aprender, progredir e servir.

Agora, de alma aberta, vamos receber os Teus ensinamentos.
Obrigado, Senhor, muito obrigado!

Final de reunião

SENHOR!

Esta reunião aproxima-se do fim. Aprendemos muito aqui, uma melhoria se deu em nosso espírito.

Tu falaste, ponderaste, abriste nossas porteiras, andaste por nossos caminhos, mostraste o valor do amor. Ficaram em nós preciosas impressões.

A partir deste momento, estamos mais capacitados, aprimorados, ternos e compreensivos.

De alma renovada e coração aberto, levaremos aos nossos irmãos a substância desses ensinamentos, fazendo-os mais felizes.

Agradecemos-Te o que vimos, ouvimos e sentimos. Será um prazer sermos mensageiros da Tua paz.
Obrigado, Senhor, muito obrigado!

Esse pequeno livro de bolso é um verdadeiro manual de auto-ajuda que pode ser lido ao acaso durante várias vezes ao dia. Em cada página, o leitor encontrará inesgotável fonte de otimismo, fé, ânimo e esperança, renovando-lhe as energias frente aos encontros e desencontros da vida.
7,5x11 cm | 256 páginas | Mensagens

17 3531.4444 | 17 99777.7413 | boanova@boanova.net

Pequeno livro de bolso que traz em seu conteúdo mensagens de otimismo e reflexão, despertando no leitor sentimentos de entusiasmo, alegria e encanto de viver. Nas páginas dessa obra, o leitor encontrará ainda um bálsamo reconfortante, sobretudo diante dos problemas e dificuldades que vivenciamos em nosso dia a dia.
8x11 cm | 160 páginas | Preces

17 3531.4444 | 17 99777.7413 | boanova@boanova.net

Apresenta inúmeras mensagens que nos estimulam a viver bem. Abrange todos os tipos de dificuldades do relacionamento humano, levando as pessoas a certificarem-se de que realmente é possível ser feliz, superando quaisquer empecilhos.

8x11 cm | 160 páginas | Preces

17 3531.4444 | 17 99777.7413 | boanova@boanova.net

Apresenta inúmeras mensagens que estimulam a viver bem. Abrange todos os tipos de dificuldades do relacionamento humano, levando as pessoas a certificarem-se de que realmente é possível ser feliz, superando quaisquer empecilhos.

7,5x11 cm | 384 páginas | Mensagens

17 3531.4444 | 17 99777.7413 | boanova@boanova.net

Av. Porto Ferreira, 1031
Parque Iracema
CEP 15809-020
Catanduva-SP

www.**boanova**.net
boanova@boanova.net

📞 17 3531.4444
🟢 17 99777.7413
📷 @boanovaed
f boanovaed
▶ boanovaeditora

Acesse nossa loja

Fale pelo whatsapp